AR
奇趣汽车小百科

用手机 📱 或平板电脑 📱 的摄像头对准书中带有 **AR** 标识的页面，精彩绝伦的数字虚拟世界与现实中的图书神奇般地融合在了一起。

扫描二维码或登录网站

http://www.sunbook.cn/qqqc

点击下载按钮
安装应用程序
（仅安卓版适用）
请注意打开相机、
读写存储等权限

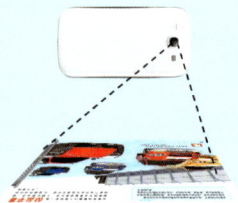

扫描带有

AR 标识的画面

进入奇趣汽车世界

开启奇妙阅读旅程

和我一起畅游
赛车王国吧！

AR奇趣汽车小百科

超级快的赛车

明洋卓安 编著

科学普及出版社

·北京·

图书在版编目（CIP）数据

AR 奇趣汽车小百科. 超级快的赛车 / 明洋卓安编著 . -- 北京：
科学普及出版社，2019.1
　ISBN 978-7-110-09817-2

　Ⅰ . ① A… Ⅱ . ①明… Ⅲ . ①赛车—青少年读物
Ⅳ . ① U46-49

　中国版本图书馆 CIP 数据核字 (2018) 第 099949 号

策划编辑 邓　文　　　责任编辑 邓　文　朱　颖
责任校对 杨京华　　　责任印制 李晓霖

科学普及出版社出版
北京市海淀区中关村南大街 16 号 邮政编码：　100081
电话：010-62173865 传真：010-62173081
http://www.cspbooks.com.cn
中国科学技术出版社发行部发行
北京盛通印刷股份有限公司印刷
*
开本：889 毫米 *1194 毫米 1/16
印张：3.5 字数：50 千字
2019 年 1 月第 1 版　2019 年 1 月第 1 次印刷
ISBN 978-7-110-09817-2/U・47
印数：1-5000 册 定价：49.80 元

目录

越来越快的交通工具 让人们体会

到了速度带来的奇妙体验。从步行到马车，从火车到汽车，从汽车到飞机，人类发明的交通工具的速度越来越快。正因为交通工具的不断发展，世界终于迎来了赛车运动的高潮。

最古老的交通工具是人类的 **双脚** 。远古的人们依靠双脚来远行和追赶野兽。

后来，人们驯养了一些善于奔跑的 **动物** 作为代步工具，如马、骆驼等。

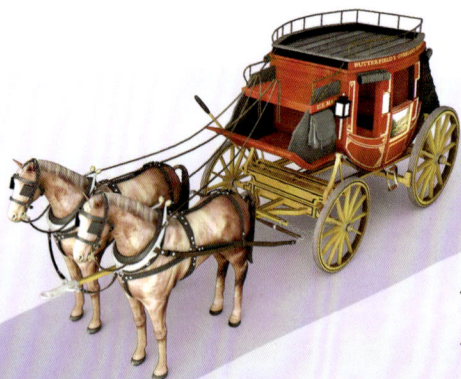

轮子 的出现，改变了人们的出行方式，人们可以比较舒适地进行长途旅行了。

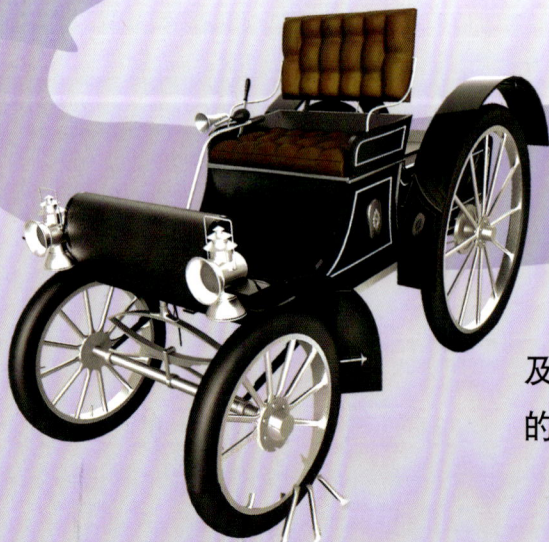

17世纪末，蒸汽机面世，**蒸汽汽车** 以及 **蒸汽火车** 随之出现，人们可以去往更远的地方，还能运输更多的货物。

载人飞船 把人类送进了遥远的太空，开始探索宇宙。

相信在不久的将来，人们还可以发明速度更快的交通工具，带我们去更远的地方。

飞机 满足了人们飞翔的愿望，它改变了人们的出行方式，它的速度比之前出现的任何交通工具都要快。

现在，**汽车** 已经成为人们主要的交通工具，它更加舒适、安全，也更加快速。

赛车运动 是一项深受人们喜爱的体育运动，在比赛过程中，充分考验着赛车手的驾驶技巧和判断能力，同时也能显示出汽车厂商的制造水平。

赛车运动分为场地比赛和非场地比赛两大类。下图的赛车比赛就属于场地比赛，是在封闭的场地中进行的；而非场地比赛大多是在户外自然环境中进行的，比如拉力赛、越野赛、登山赛都属于非场地比赛。

看！赛车们风驰电掣般疾驶而过。到底哪辆赛车能够第一个冲过终点线呢？

AR

达喀尔拉力赛

创办于1979年，被誉为"勇敢者的游戏"。作为最严酷和最具有冒险精神的赛车运动，达喀尔拉力赛为全世界汽车爱好者所知晓。

达喀尔拉力赛 **赛程** 极为艰苦，在热带沙漠地段就更具挑战。在这里，昼夜温差大，气候恶劣，赛道复杂，很容易发生赛车故障、迷失方向等严重问题。

达喀尔拉力赛和其他赛事不同，允许广大的业余选手前来参赛。对赛车类型也几乎没有要求，轿车、越野车、摩托车、卡车，甚至是卡丁车，都可以来参加比赛。

因为最近几年达喀尔拉力赛事故不断，所以为了确保赛事的顺利进行和参赛人员的安全，赛事组委会决定在个别赛段设置 **最高车速**，对于超速的车手将给予严厉的惩罚。

达喀尔拉力赛每场的冠军奖金只有4500美元，但仍然吸引了众多的选手参加比赛。**挑战自我和冒险精神** 在他们眼中才是最重要的。

参加比赛的选手非常不容易，为了抓紧时间多跑几程，他们每天只能就着矿泉水吃几个三明治来充饥。

世界摩托车锦标赛

也称"世界摩托车大奖赛",由国际摩联(国际摩托车运动联合会)主办,是摩托车公路赛中最重要的一项赛事,因其紧张、刺激的比赛场面,深受世界众多摩托车车迷的喜爱。

起初,世界摩托车锦标赛全年只有6场分赛,全部赛事都只在欧洲举办。但随着其影响力的提升,目前这项赛事已经扩展为16个分站比赛,赛场遍布全球五大洲。

在摩托车比赛中,当摩托车通过弯道时,赛车手会将车子倾斜,紧贴地面过弯。这样可以保证摩托车拥有更快的速度,但也更加危险,时常会看到摩托车因倾斜过度而失控摔出赛道的场景。

参加比赛的摩托车比F1赛车窄,参加比赛的车辆多,超车的场面特别多,排名变化快,但是危险性也更大,**惊心动魄** 的场面非常多。因此,有人认为世界摩托车锦标赛甚至比F1比赛更 **精彩**。

参加摩托车比赛的选手数量非常多,选手之间的竞争也非常激烈,他们在赛场上互相追逐、互相超越,让观众大呼过瘾。

AR

摩托车被称为"赛车中的轻骑战士"，它拥有游龙般的身躯，豹子一样的速度，又像驯服的马儿一样可以控制。现在，除了下图这种常见的摩托车之外，还出现了很多专门为比赛而设计的摩托车赛车。

方向把 是掌握摩托车平衡、改变摩托车方向、控制摩托车快慢的"大管家"。在方向把上安有后视镜和控制摩托车的各种开关。

当车轮滚滚转动时，会把地面上的沙石、泥土卷起来，溅得到处都是。**车轮盖** 会挡住这些东西，使骑手的衣裤不会变脏。

摩托车的动力系统包括发动机、离合器、传动齿轮等。由于摩托车是以轻巧取胜，所以它的动力系统非常简单。

摩托车的 **后座** 是用来载人的，它一般是用软软的皮革制成，乘坐起来非常舒服。要提醒小朋友的是，在驾驶和乘坐摩托车的时候一定要戴头盔。

有些摩托车有两个 **杂物箱**，它们被安放在摩托车后轮的两侧，但大部分摩托车只有一个杂物箱，就安在摩托车的后架上。

摩托车的 **油箱** 是摩托车的能量储备区，为摩托车储备汽油。大部分摩托车都使用汽油，而不使用柴油。

卡丁车比赛 是一种老少皆宜的赛车运动。相对于F1比赛、汽车拉力赛来说，卡丁车比赛比较简单、安全，属于大众休闲、健身娱乐的运动项目。卡丁车外形小巧、操作简单，而在驾驶过程中又能享受驾驶赛车般的成就感。

卡丁车赛道有统一的规定：室内跑道要求长至少600米，宽至少6米；室外跑道分为两种，无变速箱的卡丁车跑道要求最长1500米，宽不能少于8米，直线段最多170米。而安装变速箱的卡丁车专用跑道要求最长2500米，宽至少8米，直线段长度不限。卡丁车的赛道多被设计成有曲有直。

有人称卡丁车运动为"F1比赛的摇篮"，很多孩子从小就开始参加卡丁车比赛，其中一部分后来成为了优秀的赛车手，有的还成为了F1比赛的顶级赛车手。

1995年，我国引入了卡丁车运动，目前已经初具规模。很多车手开始参加各级比赛，通过比赛，赛车手的水平也在不断提高。

卡丁车的结构非常简单，不过你可不要小瞧它，如果安装上高级竞赛发动机，卡丁车的速度可以达到每小时160千米。而且，由于卡丁车的车身很低，车轮又独立、持续地接触地面，即使卡丁车冲出了赛场，也能自动停下，因此卡丁车运动的安全性很高。

世界上第一辆卡丁车是由割草机改装而成的，设备和发动机都非常简单。在很早的时候，卡丁车是一些父母设计出来的"超大玩具"，供子女在花园或大型停车场玩耍。没想到，这种"玩具"后来竟会风靡全球，成为受很多人喜爱的运动项目。

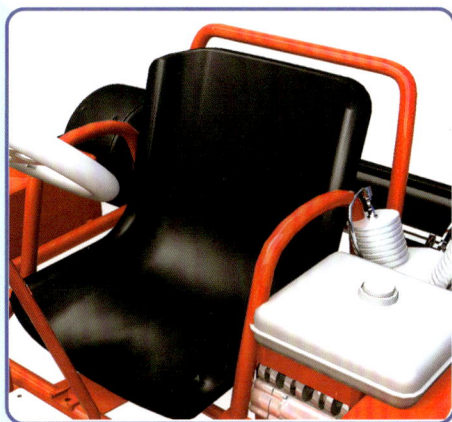

卡丁车的坐椅一般都会被设计成三面防护坐椅，防止驾驶者在转弯时倾倒。另外，卡丁车备有四点式安全带、后轴防卷发保护罩、发动机防烫板等设施，全面保障驾乘者的安全。

很多卡丁车的四周围着一圈护栏，看起来就像卡丁车戴着一个救生圈，这个护栏可以为车手保驾护航。当卡丁车发生撞击时，护栏能将撞击力均匀地分散到整个车身，最大限度地缓解外力，以保障车手的安全。

世界三大汽车赛事

世界一级方程式锦标赛

世界一级方程式锦标赛简称F1，是世界上最受关注的汽车赛事。F1赛车的车型独特，比赛时的速度非常快，深受众多车迷的喜爱。

勒芒24小时耐力赛

勒芒24小时耐力赛每年于法国举办，每年的比赛都会吸引世界各地的车迷前来观看——车迷们为支持的车队摇旗呐喊，场面十分壮观。

世界汽车拉力锦标赛

世界汽车拉力锦标赛是一项非常艰苦的赛车运动，参赛选手要在各种复杂的赛道上进行比赛，困难重重。比赛虽然艰苦，但还是会吸引全世界众多赛车手前来挑战。

赛车运动对赛车手身体的要求十分严格，每场比赛对于他们的体能都是巨大的挑战。

为了防止赛车手在比赛时受伤，他们在比赛的时候都要穿上特制的防护服，头上也要戴上特制的头盔。

我知道！

房车式赛车是对量产车进行改装的车辆。一般汽车赛事对赛车改装后的尺寸、重量等方面都有严格的限制。经过改装后的赛车，在车型不变的情况下，已经变成了"钢铁猛兽"，即使从几米高的山崖上滚落下去，也可能不会发生意外，甚至可以继续前行。

F1赛车是方程式赛车的一种。这种赛车都是经过特殊设计制作的比赛专用车。和房车式赛车相比，方程式赛车的速度更快，综合性能更加突出。

勒芒24小时耐力赛

创办于1923年，其影响力可以和F1相媲美。由于勒芒比赛场地多为直线赛道，所以赛车最高时速可以达到惊人的400千米，是汽车厂商展示汽车性能和可靠性的理想契机。

勒芒24小时耐力赛分为**四个组别**，其中原型车和房车各两组。原型车是纯粹为比赛打造的特殊车辆，在保证强大动力和超快速度的同时，还具备节省燃料的特点，综合性能十分优异。

参加比赛的车辆不仅要有超快的**速度**，还需要具备超强的**稳定性**。同时，参赛车辆还要尽量做到**省油**，因为比赛时少进加油站有利于取得比赛胜利。

参加比赛的四组赛车是在同一场地同时比赛的，24小时内行驶里程最多的选手获得**冠军**。

我知道！

勒芒24小时耐力赛在每年的6月份举行，赛程只有24小时。每辆赛车由3名车手轮流驾驶，采用"换人不换车"的方式进行比赛，每位车手连续驾驶时间不得超过4小时，主车手驾驶时间不得超过14小时。

24h LE MANS

在勒芒赛事的24小时中，后半夜的比赛最煎熬，对车手的体力和耐力都是极大的考验。

世界汽车拉力锦标赛 简称

WRC，始于1973年，是和F1齐名的另一项顶级汽车赛事，也是世界范围内级别最高的拉力系列赛事。WRC自举办以来，深受车迷的喜爱。

我知道！

赛事规定：凡是参加WRC的赛车，都必须是年产量在2500辆以上的量产车型，而且对于赛车改装之后的尺寸、重量以及排气量、功率等都有着严格的限制。

WRC的赛场都是全球各地最具代表性的环境险恶地段，例如泥泞的湿地、寒冷的雪地、荒芜的沙漠以及崎岖不平的山路。

WRC是非常严酷、特别考验赛车手耐力的汽车赛事。赛车手们要在各种艰难的赛道上拼搏11个月，才能决出年度最终的王者。

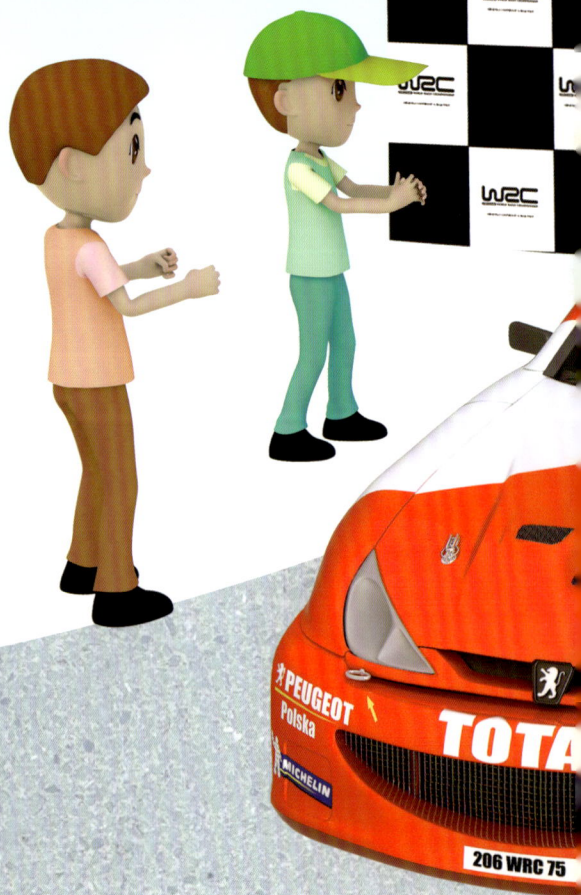

世界汽车拉力锦标赛

F1比赛

F1比赛 是世界一级方程式锦标赛的简称，是世界上级别最高的方程式赛车赛事。这项比赛和足球"世界杯"、篮球"NBA"一样，都是深受人们喜爱的体育赛事。

我知道！

在F1赛车比赛中，由于车速太快，经常会发生意外的撞击事故。尽管国际汽联（国际汽车联合会，FIA）对F1赛事的安全问题极为重视，但不得不承认，F1比赛依然是一项具有危险性的运动。

参加F1比赛的 **赛车手** 都是世界车坛的精英，他们大多从小就开始接触赛车，经过多年的专业训练，参加各种级别的比赛之后，才能取得参加F1比赛的资格。

F1比赛的正式全名为"FIA Formula 1 World Championship"，中文意为"世界一级方程式锦标赛"。它与足球世界杯、奥林匹克运动会并称"世界三大运动"。

F1比赛一年为一个**赛季**，每个赛季有十多个分站比赛，分站比赛在不同的地点举办，遍布全世界很多地方。

F1比赛都是在封闭的环形路线上举行，**赛道**的长度、宽度、路面环境都有严格要求，赛道的长度不尽相同，一般是每圈3～7千米。大部分的F1比赛都使用专用的赛车跑道，但有时也会使用一般城市道路围成的赛道。

有关F1赛事的规则都是由国际汽车联合会制定的，它的英文简称是"FIA"。

F1比赛是一项盛大的赛事，赛车、赛车手、车队工作人员是这项赛事的"三大主要角色"，他们在比赛前要做好充分的准备，比赛中也需要齐心协力完成各种工作，才能顺利地完成比赛，获得好成绩。

在F1比赛过程中，赛车手会根据轮胎的磨损情况和油耗的状态进入 **维修站** 换胎、加油或维修。这项任务通常需要由20多个人的团队共同完成。他们完成一次换胎，只需要短短几秒钟的时间。

新赛车生产出来之后，必须通过国际汽联的 **撞击实验** 。撞击实验包括正面撞击、背面碰撞、翻滚测试、单体壳测试等。如果新赛车不能通过这些严格的撞击实验，它就不能出现在F1赛场的跑道上。

在F1比赛中，每支车队都有一名引人注目的工作人员，手里拿着一个特殊的工具——指令杆，负责对进出维修站的赛车下达指令。由于指令杆的外形很像棒棒糖，所以人们习惯称这些工作人员为" 棒棒糖人 "。

F1比赛的场地并不是固定的，每当需要更换赛场时，F1赛车都需要由运输飞机或F1运输车运到比赛现场。 运输 时，赛车会被拆解成很多零部件，运到目的地后，需要工作人员仔细地将赛车安装起来。

比赛开始之前，赛车手会离开车位进行 热身 ，他们驾驶赛车左右摇摆以达到预热轮胎和刹车系统的目的。

F1赛车

车身很窄，结构简单，采用轻质材料制造，因此重量很轻，这就保证了赛车的速度。一辆比赛中的F1赛车的速度甚至可以超过一架正在滑行的飞机！

我知道！

F1赛车车身的尺寸受到比赛规则的严格限制，这样，每个车队赛车的尺寸都十分接近，比赛也就变得更加公平了。

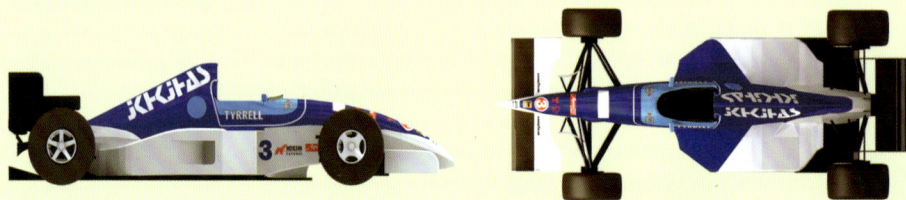

从 **外形** 上看，F1赛车和普通汽车有着明显的差别。F1赛车的车身前部细长，像一个尖尖的锥子，轮胎和驾驶室都暴露在外，这使F1赛车在汽车家族中显得个性十足。

每辆F1赛车都是世界著名汽车厂商的精心杰作，凝聚着顶尖的科学技术和先进的设计理念。因此，F1赛车的 **价格** 也非常昂贵，不亚于一架豪华私人飞机的价格。

为了让F1赛车拥有最快的 **速度**，设计师们会想办法让赛车变得更轻盈，但这样也增大了比赛的危险性。因此，为了尽量避免事故的发生，FIA规定：F1赛车的总重量不得低于690千克。

F1赛车理论上的最大速度可以达到960千米/时，但在实际比赛中，还没有任何一辆赛车能跑出这样的速度。在赛场中，选手们的平均时速在210千米左右，这已经是非常快的速度了。

F1赛车的**气箱**位于赛车手头部后面，它的作用是为引擎导入新鲜空气，也起到降温的作用。

F1赛车有着极强的**制动能力**，从时速220千米减速到静止状态只需要3秒钟的时间。

头枕位于赛车手头部周围，由一种称为"舒适泡沫"的特殊材料填充而成。这种泡沫平时摸上去十分柔软，但在遭受重击时会变硬以吸收冲击的能量，起到非常有效的保护作用。

我知道！

F1赛车的驾驶舱在车身的中央位置，内部空间狭小，外部是具有保护作用的坚固壳体，名为"单体壳"。单体壳由碳纤维和蜂窝状铝板材料结合而成，强度是钢的两倍，质量却只有钢的1/5。

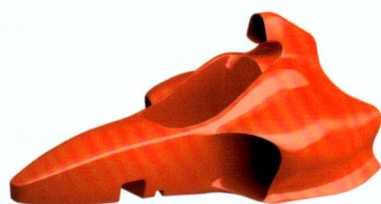

因为F1赛车的质量很轻，在急速前行或转弯时很容易发生翻车事故，所以就需要一股向下的力量来保证赛车可以紧贴地面行驶，这就是"下压力"。

赛车的 **通信系统** 是联接赛车手与车队之间的纽带。车队通过通信系统告知赛车手赛场上的比赛形势、排名情况以及突发事件等，赛车手根据这些信息随时调整比赛策略。

每一辆F1赛车都有一个**专属号码**，这个号码是根据上一年赛车手排名确定的，号码越靠前，说明赛车手在上个赛季的表现越好。

当比赛出现突发的危险情况时，工作人员会举起写有"SC"（Safety Car）字样的指示牌，通知安全车进入赛道，在前面引导赛车安全行驶，直到赛场恢复到安全状态时，安全车才会离开赛道，比赛继续进行。

F1赛车的 **外壳材料** 是一种三明治式的复合材料，外面两层为碳纤维，中间是蜂窝状铝板，在需要特殊保护的地方，还加入了制作防弹衣的材料。

雨 胎 可以驱散轮胎和赛道之间的水层，只有在赛道完全被水浸湿的情况下才会被允许使用。

中性轮胎 拥有很强的赛道适应能力，适合略微光滑的赛道，多在微雨的天气中使用。

干地轮胎 是在赛道干燥状态下使用的F1赛车专用轮胎。

F1赛车的 **轮胎** 由十多种原料组成，拥有很轻的重量和极强的抓地力。

赛车的悬挂系统位于车身和轮胎之间，由弹簧和避震器组成。它的作用是让赛车的4个轮胎始终与地面保持接触，保证赛车能够安全、快速地行驶。

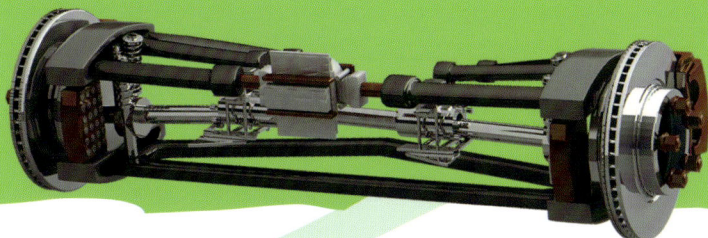

护目镜 是赛车头盔的一部分，它看上去只是一层薄薄的镜片，但你可不要小看它，它拥有十分优异的抗冲击能力和优良的可见度。

头盔 是保护赛车手安全的重要装备，它由高强度碳纤维、防火材料和聚乙烯制成。

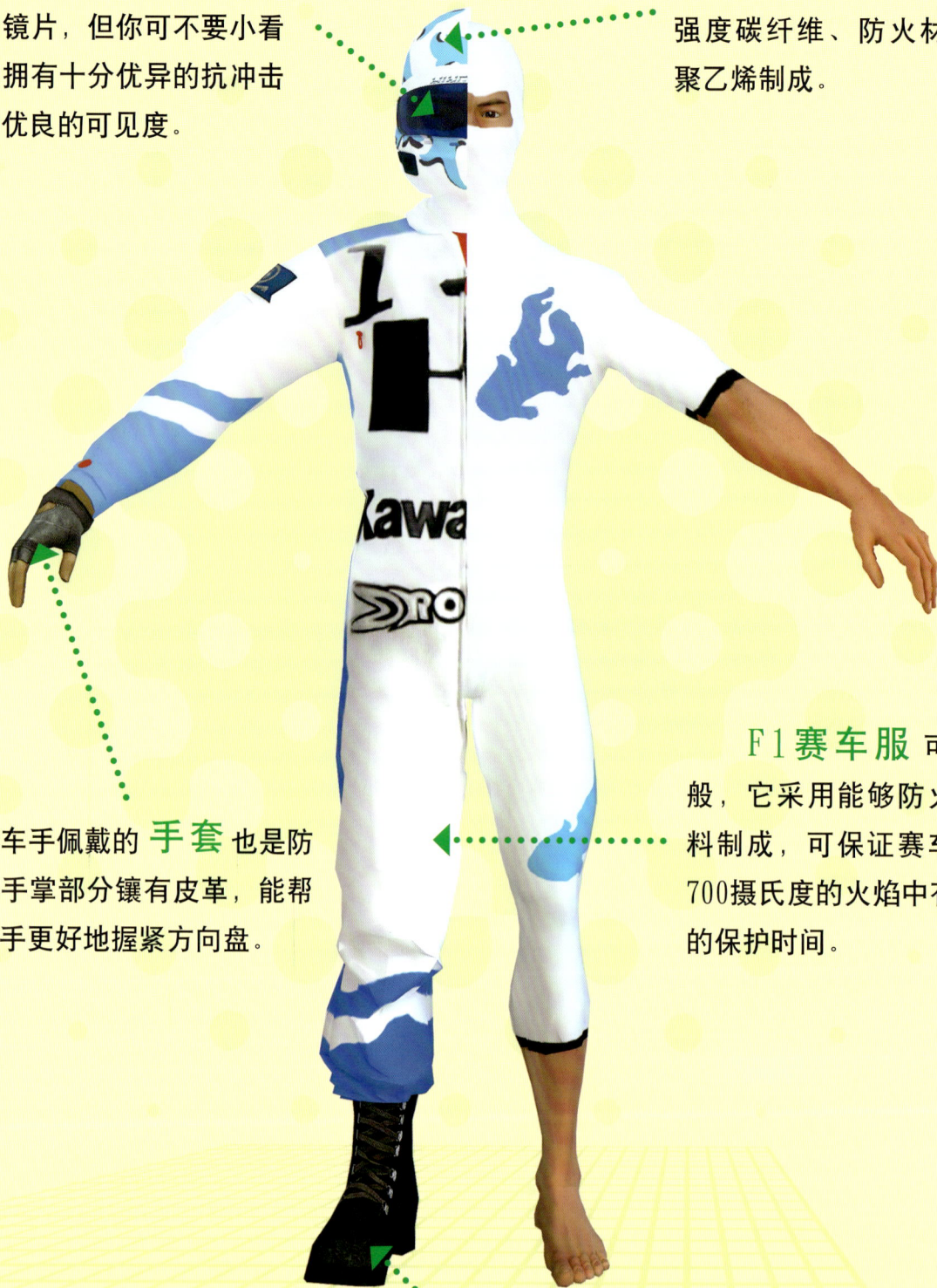

F1赛车服 可不一般，它采用能够防火的材料制成，可保证赛车手在700摄氏度的火焰中有12秒的保护时间。

赛车手佩戴的 **手套** 也是防火的，手掌部分镶有皮革，能帮助赛车手更好地握紧方向盘。

F1比赛专用鞋 具有防滑、防火的特性，外部用皮革制成，衬以泡沫塑料，能起到一定的保护作用。

在比赛时，每位F1赛车手都要佩戴一个特殊的护颈装置，这个装置由碳纤维肩垫和轻便的衬垫组成，可以有效地缓解车身摇摆晃动给车手带来的伤害。

国际汽联规定：F1赛车必须安装 **后视镜**，而且对尺寸和位置都做了明确要求。

F1赛车上带有 **灭火器**，可以在第一时间扑灭突发的大火，保证赛车手的安全。

F1赛车采用 **流线型设计**，这使得赛车拥有很好的比赛性能，看起来也更加美观。

方向盘是F1赛车的"灵魂部件"，它上面集成了很多重要的功能，赛车手可以通过方向盘了解赛车情况、控制赛车。

F1赛车的 **驾驶座椅** 都是根据赛车手的体形量身定做的。由于制作材料采用碳纤维，所以赛车的座椅非常轻薄，只有几毫米厚。

F1赛车的 **前端** 通常被设计成锥形，看起来就像是一个尖尖的大鼻子。这样的外形能减少阻力，提高赛车的速度。

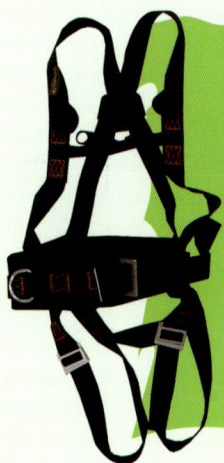

和普通安全带相比，F1赛车的六点式安全带保护能力更加出众，它能将赛车手牢牢地固定在座椅上。最重要的是，这种安全带解开时十分简单，只要用手扭转一下中间的锁扣，六条带子就会解锁。这样，即使赛车手遭遇危险，也能很快解开安全带，逃离赛车。

每辆F1赛车都拥有一台动力强劲的超级 **发动机**。这种发动机最大输出功率能达到750马力（一般马力越大代表发动机性能越好，赛车速度越快），全速时产生的噪声高达160分贝，比飞机起飞时的声音还要大。

赛车尾翼 也叫后掠翼，主要作用是为后轴形成下压力，翼片越陡，下压力也就越大。尾翼的设置必须适应赛道。

F1赛车的 **油箱** 一般都在驾驶舱后面，车队会根据赛道的特性改变油箱的大小。关于油箱容量的准确数值则是车队的机密，只有少数技术人员才知道。

我知道！

大部分F1赛场都设有发夹弯道。发夹弯道是指半径很小、急转180度的回头弯道。通过这种弯道的难度非常高，对于每一位车手来说都是巨大的挑战。

F1尾翼的刹车灯在雨天或雾天会打开，在赛车遇到特殊情况时也会打开，车灯会不停地闪烁，起到警醒指示的作用。

当赛车高速行驶时，通过 **前翼** 的气流会产生一定的下压力，使赛车轮胎可以牢牢地贴在地面上。

底盘 是F1赛车的重要组成部分，在它上面集成了众多的尖端科技，它的质量非常轻，只有35千克，还没有一个成年人重。

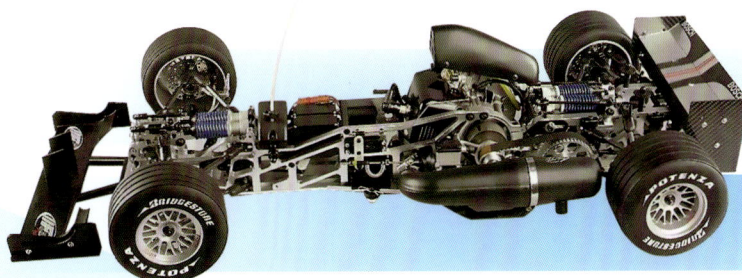

准备比赛

准备比赛是特别重要的环节，选手们到达比赛现场，在赛道上自由练习，熟悉赛道。车队成员会对赛车进行调校，让赛车达到最佳状态。

赛车的 调校 是非常重要的工作，每个数据都会影响到赛车的比赛状态，所以一切的数据都需要团队配合来进行校准。

调校赛车是一项技术性工作，需要根据赛道的特点和赛车手的风格来进行各种设置。赛车手会开着车跑几圈，然后与工程师 沟通，进行相应的调整。

看，车队的工作人员正在根据数据调校赛车。

比赛开始啦！全副武装的赛车手已经各就各位，他们都开始启动赛车，握紧方向盘，准备在赛场上大显身手。所有的赛车手，加油啊！

现在进入到最后30秒 **倒计时**，计时器由几盏亮灯组成，当红灯全部熄灭时，比赛正式开始。

世界一级方程式

排位赛是确定每位选手在正式比赛时排名的比赛。在排位赛中最快的赛车手获得杆位，也就是最靠前的发车位置。

式锦标赛

比赛结束后，率先通过终点的前三名选手将登上领奖台，享受荣耀时刻。每一次紧张激烈的角逐，都会成为赛车手们难忘的经历。

颁奖台是为前三名选手授予奖杯的地方。颁奖台分成三个高矮不同的台阶，冠军站在中间最高的台阶上。

在赛场上取得好成绩，并不是赛车手一个人的功劳，而是整个F1车队成员一起努力的结果。F1车队是一个庞大的组织，除了参赛小组之外，还有负责研发、设计、生产、运输的部门。

比赛结束后，赛车和赛车手要分别进行称重。如果赛车手及其赛车不符合最低重量要求，赛车手会被取消比赛成绩。

AR

F1旗语

是F1比赛中一种重要的沟通方式。很久以前，人们利用带有标志图案或特殊颜色的旗帜来传递信息，这就是旗语。F1比赛中，工作人员也用旗语与赛车手沟通，经常出现的旗语有十几种，每种都有其特定的含义。

黑旗

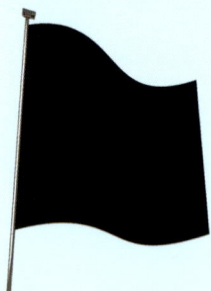

当黑旗伴随着一面号码旗出现时，表示此号码的车手必须回维修站。当一名车手因为比赛行为不当或者犯规时，需要向车手出示黑旗。出现该旗帜时，车手被取消比赛资格。

白旗

白旗表示前方有慢速行驶的车辆，车手应该小心驾驶，或者应该适当减速。

蓝旗

蓝旗表示后方有准备套圈（指车速快的赛车已经领先慢车一圈甚至更多）的车辆正在接近，并且准备超车。被出示蓝旗的车手应该减速让行，必要时要让出赛车线。

黄旗

黄旗代表前方有障碍物。如果障碍物不在赛道上，黄旗会静止不动；障碍物在赛道上，黄旗会来回摇动；赛道被彻底堵塞，会出现两面不停摇动的黄旗。

绿旗

绿旗通常出现在比赛、排位赛发车时，表示比赛开始；也会出现在黄旗状态解除之后，表示赛道上存在的障碍物已经得到清除，比赛恢复正常。

黑白对角旗

黑白对角旗通常伴随着一面号码旗出现，表示对此号码车手的违规行为进行警告。

黑底橘色月光旗

此旗告诉车手——赛车可能出了问题，必须回到维修站。修复后可以继续参赛。

红旗

红旗表示比赛、练习赛或排位赛因某种原因提前结束或暂停。红旗会在整个赛道各个位置同时出示，此时车手应回到维修站，等候通知。

红黄竖条纹旗

此旗出现，表示前方不远处路面上有油迹或积水，提醒车手小心驾驶，直到信号旗收回为止。

黑白方格旗

黑白方格旗出现时，表示比赛或练习赛结束了。对于每次比赛的冠军，将会为他挥舞黑白方格旗；对于之后的车手，黑白方格旗将会停止挥动。

神奇的乘用车

奇趣汽车小百科

AR 游戏互动图书

明洋卓安 编著

科学普及出版社
POPULAR SCIENCE PRESS

- 三维技术制作，汽车更真实、更立体
- 立体场景大图，轻松进入汽车世界
- 增强现实技术，让阅读变成有趣的探索之旅。

本册图书介绍小汽车、公交车、出租车等常见的乘用车。你会了解到，原来小汽车拥有超过1万个独立零件；地铁并不一定都在地下飞驰；带"辫子"的公交车其实叫电车，而且有一种电车要在轨道上才能行驶……这些乘用车为我们每天的工作和生活提供了巨大的便利，让我们感谢这些神奇的乘用车吧！

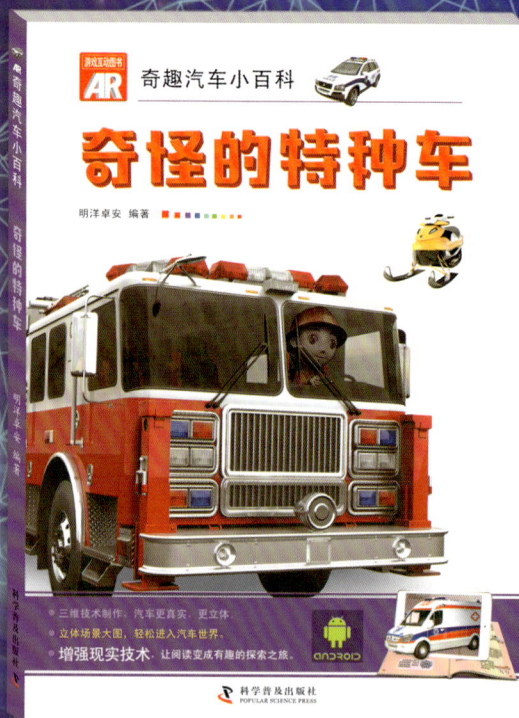

奇怪的特种车

奇趣汽车小百科

AR 游戏互动图书

明洋卓安 编著

科学普及出版社
POPULAR SCIENCE PRESS

- 三维技术制作，汽车更真实、更立体
- 立体场景大图，轻松进入汽车世界
- 增强现实技术，让阅读变成有趣的探索之旅。

在日常生活中，我们经常会遇到一些问题，需要特种车来帮忙，比如救护车、警车、消防车等。这本书会告诉你，警车除了轿车以外，还有灵活的摩托车；救护车上有很多紧急救护的专业设备，而且在紧急情况下，救护车可以不遵守交通规则；垃圾车可以自动倾倒和压缩垃圾……正是有了这些厉害的特种车，才让我们的生活更加安全、有序和舒适，让我们为它们点赞吧！

车小百科

能干的工程车

奇趣汽车小百科

明洋卓安 编著

- 三维技术制作，汽车更真实、更立体。
- 立体场景大图，轻松进入汽车世界。
- 增强现实技术，让阅读变成有趣的探索之旅。

科学普及出版社
POPULAR SCIENCE PRESS

超级快的赛车

奇趣汽车小百科

明洋卓安 编著

- 三维技术制作，汽车更真实、更立体。
- 立体场景大图，轻松进入汽车世界。
- 增强现实技术，让阅读变成有趣的探索之旅。

科学普及出版社
POPULAR SCIENCE PRESS

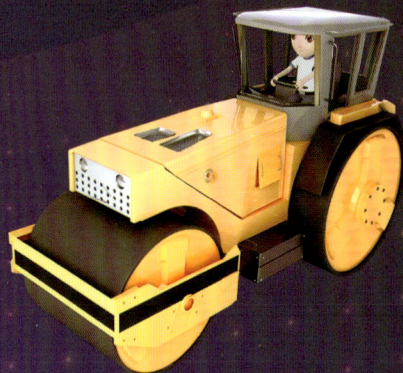

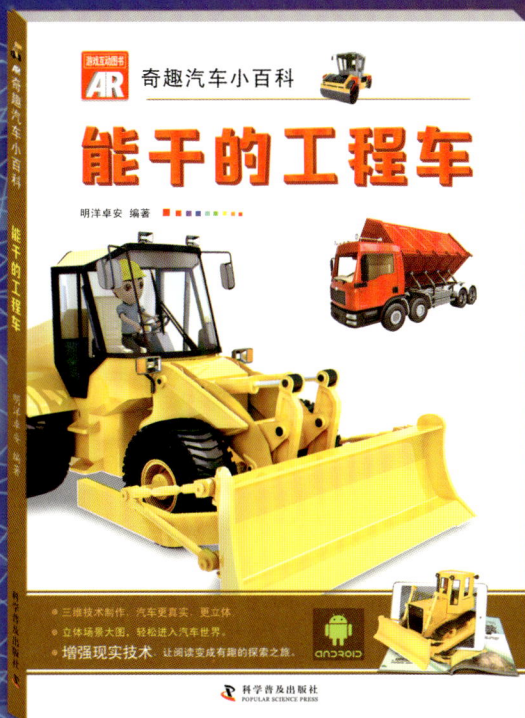

工程车是能干又不知疲倦的"钢铁侠"，它们能毫不费力地完成很多繁重又危险的工作，为我们节省很多时间和人力。装载机是"举重高手"；推土机是有名的"大力士"；挖掘机拥有"超长钢铁手臂"；有些大型矿用车的一个轮胎竟然比一层楼还要高……这些霸道的工程车在各种艰苦的环境中努力地工作，是值得表扬的"劳动模范"！

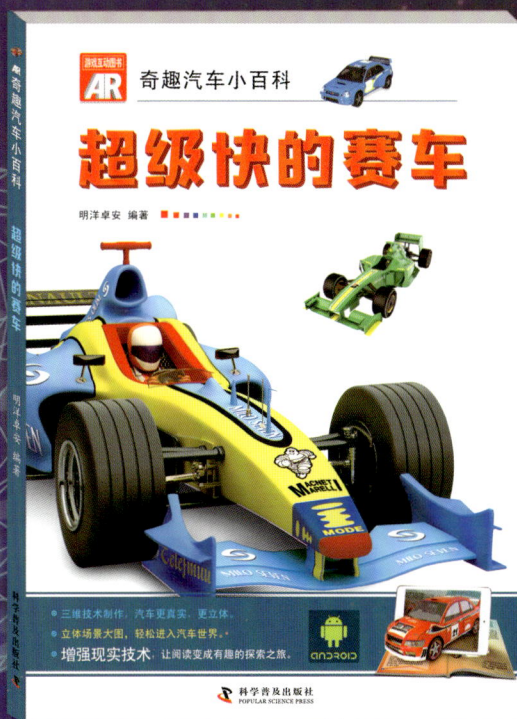

赛车运动是速度与勇气的竞赛，那超快的速度与灵活的转弯都体现出了赛车手精湛的技术、无敌的勇气和勇于挑战的宝贵精神。在这里，你不仅会了解世界上各种著名的赛车赛事，还能详细地了解超级酷帅的F1赛车、赛车手的装备，以及关于F1比赛的各种知识……看完这些，你会惊叹世界上有这么酷的运动，你会领略到速度与勇气的魅力！